Invités à l'Élysée

Laurence Gillot est née en 1963 à Nancy, où elle habite encore aujourd'hui. Parallèlement à son métier de journaliste, elle écrit des histoires pour les petits et les grands. Ses romans sont publiés aux Éditions Bayard, Flammarion, Épigones, Nathan et Hachette.

Claude et Denise Millet ont fait leurs études aux Arts décoratifs de Paris. Depuis, ils dessinent pour la publicité, la presse et l'édition. Ils publient leurs ouvrages aux éditions Hachette, Gallimard, Bayard et travaillent aussi régulièrement pour Bayard Presse.

Dans Bayard Poche, Claude et Denise Millet ont illustré :
La rentrée des Mamans - *Les trois fils du fermier* -
Rosalie, Sidonie et Mélanie - *Ma maman a besoin de moi* -
Un petit loup de plus (Les belles histoires)
Berlingot a disparu - *La charabiole* - *La marelle magique* -
Les Pâtacolors, j'adore - *Les cent mensonges de Vincent* -
Coup de théâtre à l'école (J'aime lire)

Bayard Éditions est une marque
du département Livre de Bayard Presse

ISBN 2.227.72763.2

Invités à l'Élysée

Une histoire écrite par Laurence Gillot
illustrée par Claude et Denise Millet

BAYARD POCHE

1

Corinne du ministère

J'étais en train de goûter avec maman et ma sœur Lucie quand le téléphone a sonné. Une voix a dit :

– Allô, Madame Gallien ? Bonjour, je suis Corinne Idatte, du ministère des Transports. J'aimerais parler à votre fils, Vincent.

– Un instant ! a répondu maman.

Maman m'a tendu le combiné en chuchotant d'un ton mystérieux :

– Le mi-ni-stère !

Tout de suite, j'ai cru à une farce de Barnabé, mon copain togolais, et j'ai répondu en prenant ma voix africaine :

– Oui ! Ici, le roi du Togo. J'avais bien dit qu'on ne me dérange pas !

Quand j'ai entendu une voix de femme dire « Pardon ? », j'ai tout de suite compris que ce n'était pas Barnabé, et je me suis senti devenir blanc. Blanc ou vert. Il y a eu un long silence, maman et Lucie ont pouffé de rire, moi pas, et la dame a ajouté :

– Vous êtes bien Vincent Gallien, n'est-ce pas ?

J'ai balbutié :

– Oui.

– Je suis Corinne Idatte, du ministère des Transports. Votre nom a été tiré au sort après la journée « Sécurité routière » de votre école.

J'ai grommelé « Ha ! » avec bien du mal, et elle a continué :

– Nous demandons à un enfant de chaque région de participer à notre grand concours, et c'est vous qui représenterez la Lorraine, si vous le voulez bien !

Lucie avait mis l'amplificateur du téléphone, et elle piaillait :

– Demande ce que c'est comme concours ! Demande ce qu'on gagne ! Dis quelque chose enfin !

J'étais médusé*, je ne disais rien, et Corinne du ministère a continué :

– Vous n'êtes pas sans savoir qu'il y a beaucoup d'accidents mortels sur les routes de France, n'est-ce pas ?

Comment elle parlait ! « Vous n'êtes pas sans savoir gnagnagna... »

– Dis : « Oui, je sais ! », me soufflait Lucie.

Alors, pour changer, j'ai fait un « oui » pas enroué, et Corinne du ministère m'a félicité :

– C'est bien ! Alors, nous aimerions que vous réfléchissiez et que vous nous proposiez une solution pour que les automobilistes

* J'étais très étonné.

roulent moins vite. La meilleure idée sera récompensée par le président de la République en personne. Êtes-vous d'accord pour participer ?

J'ai étouffé un malheureux « oui », et Corinne du ministère a précisé :

– C'est un concours-éclair, vous devrez poster votre proposition demain avant minuit. Pouvez-vous noter mon adresse ?

Ma sœur m'a crié : « Dis oui ! », en sautant sur un bloc-notes. J'ai dit : « Oui ! », et Corinne m'a dicté ses coordonnées. Enfin, plus exactement, elle les a dictées à Lucie.

2

Au bord de la voie rapide

J'avais à peine raccroché le téléphone que Lucie commençait :

– À mon avis, la dame du ministère a eu l'impression de parler à un débile mental ! Tu ne lui as rien dit d'autre que des lamentables « oui ! », « oui ! », « oui ! ».

Maman est intervenue :

– Tu exagères, Lulu ! Il lui a dit aussi qu'il était le roi du Togo...

Ma sœur a levé les yeux au plafond :

– C'est bien ce que je dis ! La dame du ministère a dû le prendre pour une vraie nunuche !

Ma sœur est une pintade : elle a une petite tête, et elle donne des coups de bec dans tous les mollets qu'elle croise sur son chemin. C'est aussi une pie terriblement bavarde, et c'est surtout un paon : sûre d'elle, de son ramage et de son plumage.

Maman a répondu :

– Tout le monde ne peut pas être comme toi, Lucie, à l'aise partout et avec n'importe qui ! Vincent, lui, est plus timide, mais il n'est pas sot pour autant. Hein, mon petit pruneau !

Et maman a passé tendrement ses doigts en râteau dans mes cheveux. Mais, même tendrement, c'est insupportable. Elle m'a demandé :

– Alors, est-ce que tu as une idée pour qu'il y ait moins de morts sur la route ?

J'ai secoué la tête et j'ai pensé : « Non, petit pruneau n'a pas d'idée. Petit pruneau aurait même préféré que l'enfant tiré au sort ne soit pas lui mais un autre. »

Puis j'ai terminé mon goûter sans rien dire, en écoutant les propositions de Lucie et de maman. Celles de Lucie étaient particulièrement redoutables : ma sœur voulait mettre des gendarmes en carton sur le bord des routes, bloquer les compteurs des voitures à 90 km/h, mettre des dos d'âne tous les kilomètres...

J'ai vite terminé ma tartine, et je suis parti chez Barnabé, qui habite un peu plus loin dans ma rue. Comme d'habitude, on s'est assis dans les escaliers qui montent au grenier et je lui ai tout raconté. Puis Barnabé m'a tapé sur l'épaule et il m'a dit :

– Viens, on va réfléchir au bord de la voie rapide.

Il n'y a que Barnabé pour avoir des idées comme celle-là.

Et on est allé méditer* sur le bord de la route qui passe juste à côté de notre lotissement. On s'est assis l'un à côté de l'autre dans le fossé, on a regardé les voitures qui fonçaient. Mais on n'a pas eu une seule idée ! Pas une seule, mais on était bien.

* Méditer, c'est réfléchir en silence.

3

Super Barnabé !

Quand je suis rentré à la maison, maman et Lucie étaient en train de raconter l'histoire du concours à papa. Papa trouvait que j'avais vraiment beaucoup de chance d'avoir été tiré au sort. Il s'est exclamé fièrement :

– Mon fils, si tu gagnes, tu iras à l'Élysée !

– On ira tous ! a ajouté Lucie.

De mon côté, rencontrer le président ne m'excitait pas du tout. Mais alors, pas du tout ! Je me voyais d'ici me prendre les pieds dans un tapis ou dans un fil de micro.

Et surtout, surtout, je m'imaginais devenir rouge écrevisse à la moindre occasion, d'un beau rouge qui chauffe les oreilles et qui se voit depuis le fond de la salle.

Ce soir-là, j'espérais vivement que cette histoire de concours était une blague de ma marraine, qui fait toujours des farces, du pape ou de Batman, peu importe de qui, mais une bonne grosse blague.

Le lendemain, c'est Barnabé qui est venu me réveiller.

– Vincent ! Vincent !

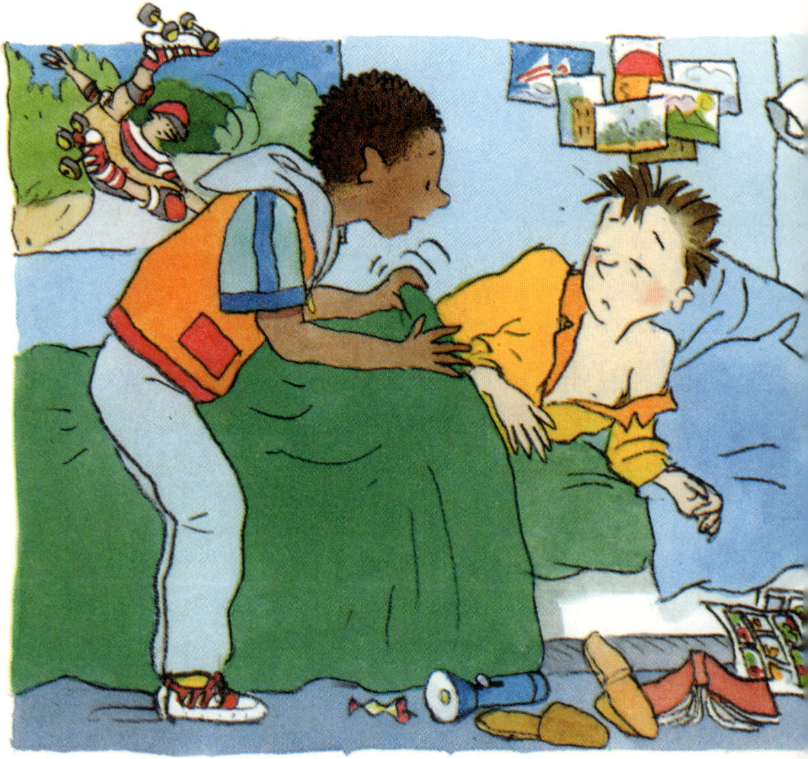

J'ai ouvert les yeux, et il a murmuré :

– J'ai trouvé la réponse à ton concours !

J'ai failli demander : « Quel concours ? », mais aussitôt je me suis souvenu de la Corinne du ministère, des morts sur la route, du roi du Togo, et j'ai répondu à Barnabé en bâillant :

– Tu sais, Barnabé, je m'en fiche un peu, de ce truc-là !

Visiblement, il ne me comprenait pas :

– On demande l'avis de Monsieur sur un sujet important, et Monsieur s'en moque !

Monsieur a l'occasion d'aller à Paris, de serrer la paluche* au président, de recevoir un cadeau-surprise, et Monsieur « s'en fiche un peu de ce truc-là » ! Eh bien, moi, je trouve Monsieur gonflé.

En disant cela, Barnabé souriait de toutes ses dents. Je l'ai regardé, j'ai souri aussi et je lui ai tapé sur l'épaule en affirmant :

– Tu as raison, super Barnabé ! On va le gagner, ce concours ! C'est quoi, ton idée ?

* C'est la main, en langage familier.

Alors, il m'a expliqué :

– À chaque accident, on pourrait planter sur le bord de la route un mât en bois. En haut, il y aurait une lumière violette qui clignoterait jour et nuit et qui rappellerait aux automobilistes ce qui s'est passé. Ce serait un symbole*, et puis ce serait joli.

J'imaginais des paysages ainsi illuminés et, instantanément, l'idée m'a paru excellente. Un peu folle, mais excellente.

* Un symbole, c'est comme un signe, une image.

4

Lucie s'en mêle

À 10 heures, Barnabé et moi, nous avions déjà écrit l'idée des mâts clignotants. Il restait à recopier l'adresse de Corinne du ministère sur une enveloppe et à trouver un timbre. J'ai expliqué à maman :

– C'est pour le concours !

Elle a froncé les sourcils :

– Mais Lucie vient de m'en réclamer un à

l'instant ! Justement pour envoyer votre réponse au ministère !

J'ai hurlé :

– QUOI ?

Maman a compris tout de suite ce qui se passait, et elle a soupiré :

– Cette chipie de Lucie m'a même dit que vous aviez écrit la lettre ensemble ce matin !

Un jour, j'étranglerai ma sœur, je lui couperai les cheveux et je lui mettrai la tête dans la poubelle, je la ferai exploser dans le micro-ondes, je la...

J'ai demandé d'une voix cassée par la rage :

– Où est-elle ?

– Elle est partie à la boîte aux lettres !

Ma mère avait à peine fini de parler que, Barnabé et moi, nous étions déjà dans la rue. Direction : la boîte qui se trouve à trois cents mètres de chez moi. Évidemment, nous avons rencontré Lucie qui revenait vers la maison.

– Laisse-moi faire ! m'a soufflé Barnabé.

Puis il a interpellé ma frangine :

– Salut, Lulu ! Qu'est-ce que tu fais là ?

– Je viens d'aller poster la réponse pour le ministère ! a répondu Lucie d'un air tranquille.

Au moment où j'allais arracher les yeux à ma sœur, Barnabé s'est mis à courir en criant :

– Dépêche-toi, Vincent, on va être en retard !

Il avait vu passer la camionnette de la Poste. Nous sommes arrivés à la boîte au dernier moment. Barnabé m'a poussé vers le postier :

– À toi de jouer maintenant ! m'a-t-il dit.

Le traître ! Mes jambes flageolaient. Ma voix chevrotait :

– Euh..., j'ai oublié de mettre quelque chose d'important dans une enveloppe...

Le postier m'a répondu fermement :

– Une lettre postée est une lettre postée !

J'allais abandonner, mais Barnabé m'a donné un bon petit coup de pied dans le tibia. J'ai bafouillé :

– Vous avez raison, Monsieur ! Mais quand c'est important, c'est important.

Le facteur m'a demandé d'un air malicieux :

– C'est une lettre d'amour ?

Mes lèvres tremblotaient. Derrière moi, j'entendais Barnabé qui toussait. J'ai bredouillé :

– Oui !

– Et comment s'appelle ton amoureuse ?

J'ai pensé : « De quoi je me mêle ? », mais j'ai dit :

– Corinne, Monsieur. Corinne Idatte.

Il a cherché la lettre dans le tas de courrier et me l'a tendue en m'adressant un magnifique clin d'œil... J'avais réussi !

Quand le postier est parti, Barnabé m'a tapé sur l'épaule pour me féliciter. Nous avons posté NOTRE lettre, et Barnabé a précisé :

– À partir de maintenant, motus et bouche cousue* avec Lulu !

* Cela veut dire : gardons le secret, n'en parlons pas à Lulu.

À midi, à table, Lucie a expliqué aux parents :

– Je me suis occupée de tout ! Car s'il avait fallu attendre que Vincent réfléchisse...

Ben voyons !

Papa a demandé quelle idée nous avions proposée. Évidemment, j'ai rectifié :

– Quelle idée LUCIE a proposée...

Et ma chère sœur a expliqué ce que je savais déjà puisque j'avais ouvert sa lettre avec Barnabé une demi-heure avant :

– À chaque fois qu'une voiture dépasserait les 90 km/h, une sirène se déclencherait à l'intérieur, mais aussi à l'extérieur du véhicule.

Papa a explosé de rire en soufflant dans sa cuillère de petits pois, et ça a vexé Lucie. Bien fait !

5

« Une idée remaarquaable »

Les jours ont passé. Il était 5 heures de l'après-midi, le mardi suivant, quand elle a téléphoné. Elle, la Corinne du ministère. Cette fois, je n'ai pas fait le roi du Togo, j'ai simplement dit :

– Allô ?

Aussitôt, Lucie a mis le haut-parleur :

– Dis : « Bonjour ! »

Corinne était enthousiaste. Elle trouvait

mon idée « re-maaarrr-quable », « ex-emplaaire », et elle m'a félicité, car... j'avais gagné ! J'ai bredouillé un « ha » enroué.

Lucie, elle, explosait de joie à côté de moi. Elle riait :

– Dis-lui que tu es content !

– Vous êtes content ? m'a alors demandé Corinne du ministère.

J'ai bégayé un double oui. Puis elle a raccroché en m'annonçant un prochain courrier.

Lucie était triomphante, évidemment :

– Alors, qu'est-ce qu'on dit à sa grande sœur préférée ? Hein, qu'est-ce qu'on dit ?

Mais moi, j'ai crié :

– Barnabé !

Et je me suis échappé.

J'ai traîné dans les rues, au hasard, en repensant à toute cette histoire de concours.

J'allais être félicité par le président pour une idée qui n'était pas la mienne, et ça me donnait mal au ventre rien que d'y penser. Et, par-dessus le marché, Lucie croyait que c'était elle qui m'avait fait gagner !

6

À l'Élysée !

Tout le monde était là : Barnabé, papa, maman, Lucie, Corinne Idatte, les enfants des autres régions et plein de gens en cravate. Moi aussi, j'avais une cravate, et Barnabé, lui, avait un nœud papillon.

Maman était assise à ma gauche, elle n'arrêtait pas de retirer des poussières et des fils sur ma veste. Elle était nerveuse, mais pas tant que moi. À ma droite, papa faisait les derniers réglages sur sa caméra. Moi, j'aurais préféré être à côté de Barnabé, mais la place était déjà prise par Lucie.

Je n'osais pas penser à la tête que ma sœur ferait quand le président lirait mon idée. Enfin, l'idée de Barnabé... Plusieurs fois, on avait essayé de la prévenir, on lui avait même raconté le coup du postier, mais elle ne nous avait pas crus. À chaque fois, elle faisait sa grande, elle faisait sa fière.

J'ai sursauté quand la musique a retenti. Le président de la République est entré, accompagné du ministre des Transports et tout a été très vite. Ils m'ont appelé. Je me suis levé en chancelant*. Je marchais en levant les pieds trois fois trop haut pour éviter de trébucher sur un tapis, un fil de micro ou un sac à main, et je suis arrivé sur la scène, tel un astronaute sur la Lune.

* Chanceler, c'est perdre l'équilibre comme si on allait tomber.

Le président m'a embrassé, son eau de toilette m'est rentrée en plein dans les narines. Et il a lu ma lettre en laissant sa main sur mon épaule. Au bout de cinq secondes, Lucie a bondi comme si elle était assise sur un ressort. Elle s'est mise debout au milieu du public. Tout le monde s'est tourné vers elle, et même le président a levé la tête. Elle était droite comme un i et elle me fusillait du regard.

J'étais paralysé. Maman tirait fébrilement sur le bras de ma sœur, mais ma sœur ne bougeait pas !

Soudain, Barnabé s'est levé aussi. Il a saisi Lucie par les épaules et, ouf, elle s'est rassise docilement en bougonnant.

Puis le président m'a félicité chaleureusement, et Corinne Idatte a apporté le premier prix : un superbe VTT.

Mais au lieu de dire merci, j'ai dit avec

une voix suraiguë qui ressemblait à celle d'une fille :

– Ce n'est pas mon idée, c'est celle de mon ami Barnabé !

J'étais vert, blanc, rouge, jaune. J'ai montré Barnabé du doigt, et j'ai senti comme un malaise autour de moi. Mon père s'est aussitôt arrêté de filmer et s'est penché vers maman, qui sortait un mouchoir de son sac.

Barnabé ouvrait de grands yeux, il ne s'attendait pas à ce coup-là. Lucie, elle, serrait les poings.

Le président a toussoté, et puis il a invité Barnabé à nous rejoindre. Moi, tout d'un coup, je me suis senti mieux, j'étais soulagé, détendu, libéré d'un grand poids. J'ai même fait un grand sourire au président.

En arrivant sur scène, Barnabé m'a chuchoté à l'oreille :

– T'es complètement zinzin !

Je lui ai simplement tendu le VTT :

– Il est à toi !

Puis le président a embrassé Barnabé, et il a dit :

– Je suis très touché par l'honnêteté de Vincent Gallien... et je tiens à le récompenser en lui remettant à lui aussi un VTT.

Très calmement, j'ai remercié le président, et Corinne Idatte nous a invités à rejoindre le perron de l'Élysée. Tout de suite, j'ai dit à Barnabé :

– T'as vu Lucie !

Il était tout ému. D'abord, il s'est exclamé :

– T'aurais pas dû faire ça !

Et seulement après il a ajouté :

– Quand Lucie s'est rassise, tu sais ce qu'elle m'a dit ?

– Non !

– Qu'elle se vengerait.

Aussitôt, j'ai pensé : « On a intérêt à surveiller nos VTT... »

Dans la série *J'aime lire* de Bayard Poche, il y a plein de livres que tu vas adorer !

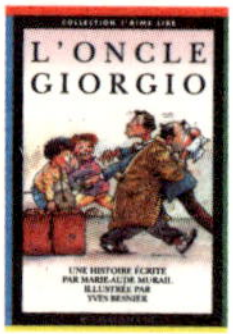

Des livres d'humour

***L'oncle Giorgio* (JL 10)**

L'oncle Giorgio est allergique aux enfants.
Catastrophe, il est obligé de recevoir
son neveu et sa nièce !

Écrit par Marie-Aude Murail et illustré par Yves Besnier.

Des livres fantastiques

***La bibliothèque ensorcelée* (JL 35)**

Ce vendredi 13, Aurore Coquille, la bibliothécaire,
ne se doute pas que le livre qu'on lui demande
va l'entraîner dans une véritable chasse aux sorcières.

Écrit par Évelyne Reberg et illustré par Maurice Rosy.

Des livres frissonnants

***Le mot interdit* (JL 6)**

Pas de mot se terminant en « eur ».
C'est la règle du jeu. Un jeu qui peut devenir
dangereux pour Thierry.

Écrit par Nicolas de Hirsching et illustré par Jean Claverie.

Des livres d'aventure

***C'est la vie, Julie* (JL 1)**

Ce matin, tout va mal, et Julie
est loin de se douter qu'elle sera
ce jour-là l'héroïne de folles aventures !

Écrit par Évelyne Reberg et illustré par Boiry.

Et n'oublie pas, dès 9/10 ans, les séries Je bouquine et Chair de poule !

Tous les mois, la lecture plaisir avec le magazine de ton choix

J'Aime Lire
Dès 7 ans.
Gourmand de lecture ? Dévore chaque mois dans ***J'Aime Lire,*** *un vrai roman inédit, croque les jeux de Bonnemine et savoure l'irrésistible BD de Tom-Tom et Nana.*

Astrapi
Dès 7 ans.
Lis, ris et grandis avec ***Astrapi !*** *Pour tout comprendre, ses « petits savoirs » te disent tout sur les sciences, la nature, l'histoire et la santé... Et avec ses BD, jeux, bricolages, actualités, Astrapi, c'est garanti sans ennui !*

Images Doc
Dès 8 ans.
Passionné de découvertes ? Pars avec ***Images Doc*** *à la rencontre des richesses du monde à travers de superbes documents-photos sur les animaux, l'histoire, la géographie, les sciences...*

Si tu veux recevoir un magazine en cadeau ou t'abonner, tél. : 01 44 21 60 00

Avec les CD-ROM J'AIME LIRE
dès qu'on clique... c'est le déclic
J'AIME LIRE
A L'ABORDAGE, PIT !
A L'ABORDAGE PIT !
J'AIME LIRE
LA PRINCESSE DRAGONNE
BIENVENUE AU CLUB TOM-TOM ET NANA
J'AIME LIRE
BIENVENUE AU CLUB TOM-TOM ET NANA
J'AIME LIRE
UN PRINCE À L'ÉCOLE
Ubi Soft
CD-ROM
MAC/PC
BAYARD PRESSE

Achevé d'imprimer en Décembre 1999 par OBERTHUR Graphique
35000 RENNES - N° 2705
Dépôt légal : Décembre 1999 - N° Editeur : 5181
Imprimé en France